AF243393

ÉCOLE DE MÉDECINE NAVALE DE BREST

DE LA VIE

ET DES TRAVAUX

DE

Charles GAUDICHAUD

MEMBRE DE L'INSTITUT

DEUXIÈME PHARMACIEN EN CHEF DE LA MARINE

PAR

A. COUTANCE

PHARMACIEN PROFESSEUR DE LA MARINE

BREST

IMPRIMERIE J.-P. GADREAU, RAMPE 55

1869

SÉANCE D'OUVERTURE DES COURS

Du 3 Novembre 1869

PRÉSIDÉE

PAR M. LE VICE-AMIRAL PRÉFET MARITIME

REYNAUD

Amiral, Messieurs,

Le 17 septembre 1817, les préparatifs de l'appareillage se faisaient en rade de Toulon, à bord d'une élégante corvette. A 7 heures, le pavillon blanc montait à la corne, les voiles tombaient, et le navire larguant ses amarres, s'éloignait des rivages.

Cette corvette à la haute mâture, aux blanches batteries, c'était l'*Uranie*, demeurée célèbre, dans nos annales maritimes, pour la belle campagne qu'elle commençait ce jour.

Son commandant Louis de Freycinet, s'était entouré d'officiers d'élite. Ils remplirent leur tâche avec tant de distinction, que parlant d'eux, Freycinet pouvait écrire fièrement ces mots à la première page du récit de la campagne :

A fructibus eorum cognoscetis eos.

Un homme dont nos écoles honoreront toujours la mémoire, M. Quoy, déjà connu par ses recherches en zoologie, fut nommé chirurgien-major du navire, avec la liberté de choisir ses coopérateurs. Il désigna Gaimard, chirurgien de 3ᵉ classe, et Gaudichaud, pharmacien du même grade, tous les deux passionnés pour l'histoire naturelle, et leur ouvrit ainsi la brillante carrière, dans laquelle il fut leur guide et leur émule.

Chargé dans cette école, du cours des sciences naturelles, je pouvais sans franchir les limites de cet enseignement, vous dire, soit les progrès que ces hommes éminents ont fait faire à la zoologie, soit leurs découvertes en botanique. Mes tendances vers cette dernière science ont déterminé mon choix.

Je viens donc vous entretenir aujourd'hui de la vie et des travaux du botaniste Gaudichaud.

Chez plusieurs d'entre vous, Messieurs et chers collègues, je réveillerai les souvenirs toujours vifs d'un maître ou d'un ami ; aux plus jeunes, je ferai connaître une vie, consacrée à la science, qui par la voix des académies, hier encore nous en rappelait les services ;

aux étudiants, je montrerai ce que peuvent, dès le début d'une carrière, des efforts indépendants et persévérants ; à vous tous, Messieurs, qui de votre présence honorez cette réunion, je parlerai de l'une des gloires les plus sympathiques de notre savant pays.

GAUDICHAUD-BEAUPRÉ (CHARLES), naquit à Angoulême le 4 septembre 1789. A la mort de son père, huissier en la cour des monnaies, son éducation fut confiée à son aïeul maternel. Dès l'âge de 11 ans, il avait pris le goût de l'histoire naturelle, en visitant souvent les collections d'un savant médecin des armées, voisin de sa famille. Un de ses beaux-frères, pharmacien à Cognac, lui enseigna les premières notions de son art : revenu à Angoulême, ses heureuses dispositions attirèrent l'attention du savant Lefèvre de Villebrune, qui devint pour lui un maître vénéré, dont il garda toujours le souvenir.

En 1808, après avoir satisfait à la conscription, Gaudichaud vint terminer à Paris ses études pharmaceutiques. Il eut Robiquet pour professeur de chimie, et suivit les cours de botanique de Desfontaines, de L. Claude Richard, et de Laurent de Jussieu. Ces savants illustres lui inspirèrent pour cette science, une passion qui domina sa vie.

Désirant voyager, à **22** ans il s'engagea comme pharmacien auxiliaire dans la marine. Licencié par une mesure générale, il reprit du service en 1811, au port d'Anvers, où il fut fait entretenu. Là, il reçut dans un duel un coup d'épée qui lui traversa la poitrine ; après une longue et douloureuse convalescence, il fut envoyé au port de Rochefort, et peu de temps après, dirigé sur Toulon pour faire partie de l'expédition de l'*Uranie*.

L'armement dura plus d'un an ; le jeune botaniste utilisa ce temps à herboriser en compagnie de Dumont-D'Urville.

A cette époque, dit M. Quoy dans ses notes manuscrites, Gaudichaud était un jeune homme de petite taille, brun, agréable de sa personne, de manières distinguées, d'un caractère naturellement facile, mais très-prompt à s'irriter, quand il ne rencontrait pas chez les autres les égards et la politesse dont il ne s'écartait jamais avec ses compagnons.

La campagne qui commençait, allait réaliser tous ses rêves, et les émotions qui l'agitaient alors étaient si vives, que trente ans plus tard il retraçait ainsi le frais souvenir de ces impressions : « C'est animé par les plus douces espérances, comme par les nobles ambitions qui habitent le cœur de l'homme, et peut-être aussi, abusé par ces décevantes illusions de gloire, compagnes ordinaires de la jeunesse, que nous nous sommes élancés dans la carrière des sciences. Le besoin de voir, d'étudier, d'apprendre, et d'apprendre encore, d'enrichir et de glorifier notre pays, était si grand chez nous, que nous eussions tout bravé, pour accomplir le désir d'explorer les régions tropicales. »

Il ne commença ses recherches qu'à Rio, et trouva, dans la végétation grandiose du Brésil, de continuels enthousiasmes. Durant cette relâche, il se lia avec M. de Langsdorff, consul général de Russie, qui avait fait partie de l'expédition de Krusenstern. En compagnie de M. Quoy et du botaniste italien Redi, il passa plusieurs jours à la Mandioca, charmante habitation du savant russe. Il en rapporta tant de plantes, que pour les conserver à bord, il encourut les arrêts, à la suite d'une altercation avec l'officier en second, plus soucieux de la belle tenue du navire que des collections.

De Rio, l'*Uranie* mit à la voile pour le Cap. A vingt lieues de ces rivages, la brise porte aux navigateurs les émanations pénétrantes de ses *diosmées* et de ses bruyères. Le botaniste, surtout, respire avec volupté cette odeur de la terre, que les marins devinent sans la voir. Gaudichaud compléta, sur cette riche contrée, les recherches d'Aubert Dupetit-Thouars duquel tant de vues communes devaient le rapprocher plus tard. Au Cap, il devint l'ami d'Adalbert de Chamisso, poëte et naturaliste éminent.

A la Réunion, les créoles des hauteurs de l'île ont gardé la mémoire du botaniste. Aujourd'hui encore, au pied du piton des neiges, près Salazie, un vert plateau sur lequel il herborisa tout un jour de juillet, a conservé son nom.

L'île de France ouvrit ensuite à l'expédition les doux abris d'une hospitalité demeurée française. Gaudichaud y fut reçu ainsi que l'avait été Dupetit-Thouars, accueil charmant dont Flourens dans l'éloge de ce dernier fait le tableau suivant : « Dans ce pays hospitalier, chaque case s'ouvrait pour le botaniste voyageur ; il y trouvait le vivre et le couvert, et chaque soir s'abritait sous le dernier toit. » Gaudichaud ne garda de cette relâche que de bons souvenirs, un désastre lui fit perdre toutes les plantes cellulaires qu'il y avait récoltées.

A la baie des Chiens marins, l'expédition n'ayant pas trouvé d'eau potable, il fut chargé d'installer à terre des appareils distillatoires : ce soin ne l'empêcha pas d'explorer cette partie encore peu connue de la Nouvelle-Hollande.

Continuant sa route, l'*Uranie* visita Timor, Ombai, Pisang, et la terre des Papous, cette longue presqu'île de la Nouvelle-Guinée. Puis s'élevant vers le Nord, elle s'engagea dans les archipels de l'Amirauté, des Carolines, des Mariannes et des îles Havaï. Des dangers et des fatigues attendaient Gaudichaud dans toutes ces relâches, où grace à sa patience, il fit les plus riches moissons.

L'*Uranie* mit de nouveau le cap sur la Nouvelle-Hollande, et vint montrer le pavillon français dans les eaux de Port-Jackson. Pendant que l'équipage se reposait, Gaudichaud et MM. Quoy et Odet-Pellion, visitèrent les Montagnes bleues, Botany-bay, et Bathurst, couchant sur cette terre, sans se douter des mines d'or qu'elle recélait, et des nombreuses populations qui, plus tard, devaient fouler la contrée fertile, où six maisons à peine existaient alors.

Il fallait enfin songer au retour : le Cap-Horn était doublé, la corvette revoyait les eaux de l'Atlantique, où s'ouvraient pour elle les ports de la patrie ; lorsqu'après avoir échappé à un ouragan dans le détroit de Lemaire, elle toucha sur un écueil de la baie Française aux Malouines, le 14 février au soir. Au chant d'une mélodie improvisée, qu'entonnait successivement chacune des divisions employées aux pompes, l'équipage lutta pendant dix mortelles heures, non-seulement avec ardeur, mais avec gaîté. « Quel imposant spectacle, écrivait M. Quoy, de voir cent-vingt français aux extrémités du monde, cherchant à arracher à la destruction, leur vaisseau fracassé, et dont les derniers accents, si l'abîme se fut ouvert auraient été des cris de joie. »

Tant de courage ne devait pas sauver la corvette : le

15 à trois heures du matin, la triste et glorieuse *Uranie* s'échouait pour ne plus se relever.

Je ne vous peindrai pas, Messieurs, les amertumes de ce naufrage. Ce n'était pas seulement un navire perdu, et l'incertitude du sort réservé à l'expédition ; ce qui surpassait ces angoisses, c'était l'anéantissement probable des travaux de la campagne.

Cette catastrophe atteignit surtout Gaudichaud ; « l'herbier considérable de notre savant collaborateur, dit Freycinet, eut beaucoup à souffrir : quoique par son activité et ses soins, il soit parvenu à conserver un grand nombre de plantes, ce qu'il a perdu mérite tous nos regrets. » Ce ne fut que quelques jours après le naufrage, qu'on retira de la cale les caisses de plantes. Gaudichaud les enleva feuille à feuille des masses de papier gris réduit en pâte ou elles étaient confondues, les lava, et les fit sécher de nouveau.

Ce travail inouï dura trois mois, il fut accompli sous la tente, au milieu des conditions misérables de l'expédition, après la perte du navire. 2,500 plantes furent sauvées, sur un nombre plus considérable d'un tiers environ.

L'expédition quitta ces plages, sur un navire de commerce, qui prit le nom de la *Physicienne*. L'accueil qu'elle reçut à Montevideo, ne put tirer Gaudichaud de son abattement. « L'aspect de ce pays, dit-il, était, peu propre à changer les idées tristes qui nous dominaient , à réveiller cette activité qui nous avait fait braver tant de dangers, supporter tant d'infortunes. »

Le 16 novembre 1820 , la *Physicienne* entrait au Havre. L'expédition avait duré trois ans deux mois, et parcouru 23,600 lieues de 25 au degré.

Les collections furent dirigées sur Paris, ainsi que les manuscrits, qui formaient trente-et-un volumes in-quarto.

La commission nommée par l'académie pour lui faire un rapport sur les résultats du voyage, était composée de Messieurs Humboldt, Cuvier, Desfontaines, de Rossel, Biot, Thénard, Gay-Lussac et Arago. Je doute que jamais expédition scientifique ait trouvé de pareils juges.

Arago énuméra les richesses rapportées par Gaudichaud : 3,000 espèces de plantes, dont quatre à cinq cents manquaient au muséum, et deux cents étaient inconnues. « C'est, ajoutait-il, au travail et à la grande activité de ce jeune pharmacien, que nous sommes particulièrement redevables de la riche collection de végétaux rapportée par M. de Freycinet. M. Gaudichaud a remis en outre, au Jardin du Roi, une grande quantité de fruits, de graines, de gomme, etc., ce qui lui donne de nouveaux droits à la reconnaissance des naturalistes. »

Nommé pharmacien de 2e classe, le 12 février 1821, peu de temps après il fut chargé de décrire et de classer ses collections. Une grave affection de poitrine, résultat des fatigues du voyage, interrompit ce long travail en 1823. Dès cette époque, Messieurs Broussais et Quoy, qui lui donnaient leur soins affectueux, constatèrent chez lui la perte de l'usage d'un poumon.

Quand il reprit son œuvre, il trouva des coopérateurs parmi les botanistes les plus illustres, Desfontaines, Kunth, et les Jussieu.

Persoon détermina les champignons et les lichens ; Agardh les algues ; Schewœgrichen les mousses et les hépatiques ; Gaudichaud se réserva les phanérogames.

L'ouvrage composé de deux volumes et d'un atlas de 120 planches parut en 1826. Le premier est consacré aux observations générales sur la végétation des contrées visitées. Le deuxième à la description des espèces ; il publia même, à part, en 1825, la flore des Malouines.

Gaudichaud touchait en outre à tous les points élevés de la science, physiologie, taxonomie, etc. ; on apercevait déjà le savant qui ne limitera pas son ambition à grossir le catalogue des espèces.

En donnant des noms aux plantes nouvelles, il trouva l'occasion de payer bien des dettes de reconnaissance et d'amitié, et de consacrer la mémoire des officiers qui succombèrent pendant la campagne. De gracieuses dédicaces rappellent le souvenir de MM. Quoy, Freycinet, Gaimard, Duperrey, Laborde, etc.

Au milieu de ces travaux, il subit le concours qui, le 1er mai 1824, le fit arriver à la première classe. Le 4 décembre de la même année, l'Académie de médecine l'inscrivit au nombre de ses membres correspondants : l'Académie des sciences récompensa du même honneur sa campagne de l'*Uranie*, et de savantes recherches sur l'organisation des fougères et des cycadées. Enfin le 29 octobre 1826, sur les instances de M. de Humboldt, il fut nommé chevalier de la Légion d'honneur.

Avant d'aller plus loin, Messieurs, je dois, pour l'intelligence de ce qui va suivre, appeler votre attention sur un point de physiologie.

Qui ne s'est arrêté avec surprise devant ces géants de la végétation, un vieux chêne de nos forêts, par exemple ? Les proportions souvent colossales de ces rois de la création, et leur antiquité fabuleuse, sollicitent les réflexions du penseur.

Il y a des siècles, une chétive semence tomba sur le sol qu'ils couvrent de leur ombre. Un peu d'eau, quelques bulles d'air, un rayon de soleil, réveillèrent en ce germe engourdi une force latente. Depuis ce jour, perdu dans la nuit des temps, l'arbre s'est fait : les eaux qui baignent ses pieds, les brises qui courbent sa tête, sont les courants éternels dans lesquels ses racines et ses feuilles ont puisé les éléments de son développement. Entraînée dans cette évolution, la ma-

tière soumise est venue s'accumuler et se fixer sur
ce point.

Tant de durée et de grandeur seraient-elles donc
le partage d'un être simple ? Nous ne sommes pas
habitués à voir les individus prendre, dans l'espace
et le temps, une place aussi considérable.

Aussi des physiologistes ont admis que les arbres
étaient une collection d'individus. De la Hire, en 1708,
considérait chaque bourgeon comme un œuf végétal :
de chaque œuf sortait un individu, qui se mettait en
communication avec le sol à l'aide de prolongements
radiculaires, qui descendant entre le bois et l'écorce,
contribuaient à l'accroissement de la tige. Moeller,
ainsi qu'Erasme Darwin, adoptèrent cette théorie , qui
fut développée chez nous par Aubert Dupetit-Thouars.
Elle rend compte de deux faits importants, le volume
et la durée des arbres, qui ne présentent plus que des
êtres accumulés et des existences successives. Secon-
dairement, elle interprète l'accroissement d'après une
loi qui n'est que la conséquence de cette vue fonda-
mentale.

Gaudichaud, pénétré de ces idées, leur donna pour
bases des observations nouvelles ; il en fit ce qui
depuis a porté le nom de théorie des phytons. Pour
lui l'individu végétal n'était pas le bourgeon, formation
complexe, mais la feuille ou phyton. Chaque phyton
comme la feuille cotylédonaire, offrait trois parties ou

mérithalles, tigelle, pétiole, et limbe. La superposition
des phytons et l'élongation de bas en haut de leur
tigelle accroissaient l'arbre en hauteur , tandis que les
filets ou vaisseaux radiculaires , qui de chaque phyton
descendaient vers le sol, l'accroissaient en diamètre concurremment avec l'expansion des rayons médullaires.

En dehors de cette grande théorie physiologique,
plusieurs doctrines organogéniques se sont partagé les
adhésions des savants. Ne s'attachant qu'au fait ma_
tériel de la multiplication des tissus sans leur chercher
une cause physiologique , elles s'accordent sur un
point : la formation sur place des tissus en dehors de
l'influence des bourgeons.

Ainsi, Malpighi et Duhamel pensaient que le liber se
change en aubier ; Grew, que les fibres ligneuses se
développent dans le parenchyme cortical ; Hales que le
bois secrète le bois. Knight admit une zône génératrice
se changeant d'un côté en bois, de l'autre en écorce, et
pour cette transformation Kieser et Mirbel firent intervenir un liquide nourricier, le cambium.

Les deux écoles devaient se heurter tôt ou tard ;
vers 1830 elles avaient pour chefs deux hommes con-
vaincus, de Mirbel et Gaudichaud, et chacun d'eux se
préparait à cette lutte scientifique qui fut si passionnée.

Entraîné vers la phytologie, Gaudichaud conçut le
projet d'un second voyage, pour réunir des matériaux

de la théorie des phytons, qui se développait déjà dans son esprit.

Le commandant Mathieu, depuis contre-amiral, armait en ce moment la *Dordogne* à Bayonne. Gaudichaud fut autorisé à faire cette campagne, aux préparatifs scientifiques de laquelle il consacra toutes ses économies, escomptant même l'avenir. Le navire allait mettre à la voile, lorsque la révolution de Juillet suspendit le départ.

Ne voulant pas renoncer à ses espérances, il obtint d'être embarqué sur l'*Herminie* qui, sous le commandement du capitaine de vaisseau Villeneuve de Bargemont, allait prendre la station des côtes occidentales d'Amérique.

La frégate partit le **3** décembre 1830. N'ayant aucune obligation de service, Gaudichaud put se livrer entièrement à ses recherches. Pendant que l'*Herminie* accomplissait sa mission le long des côtes du Chili et du Pérou, il parcourut l'intérieur de ces beaux pays. Un ordre ayant rappelé la frégate à Rio, il continua ses études au Brésil. Jamais il n'oublia tout ce qu'il dût pendant ce voyage à la bienveillance du commandant de Bargemont, lequel à son départ pour France le laissa au Brésil avec un ordre d'embarquement pour tous les navires de la station.

De retour à Toulon, le 21 juin 1833, Gaudichaud s'empressa d'adresser à M. de Mirbel un mémoire sur

les recherches de cette campagne, dans lequel il se
déclarait partisan des doctrines de Dupetit-Thouars.
Cet envoi était aussi, disait-il, un hommage au chef
de l'école de physiologie végétale française, et le témoignage de sa gratitude pour l'accueil que ses premiers essais avaient reçu de lui.

Voici la réponse de M. de Mirbel :

MONSIEUR ET CHER CONFRÈRE,

J'ai lu avec un vif intérêt la lettre que vous m'avez
fait l'honneur de m'adresser. C'est un brillant pro
gramme de vos découvertes. Votre habileté dans
l'art d'observer, m'était garant que votre voyage ne
serait pas inutile à la science. Les résultats ont dépassé
mes espérances. Je n'en juge pas seulement par votre
lettre ; j'ai vu vos collections ; elles sont admirables....

.... Les théories les plus vraies ne paraissent telles,
que lorsque ceux qui les ont devinées, livrent un jugement de tous les faits sur lesquelles elles reposent
et les faits ont tant de valeur, qu'isolés de toute théorie
ils suffisent déjà pour établir la réputation des habiles
observateurs.

Adieu , mon cher confrère, croyez que personne ne
vous estime et ne vous aime plus que moi.

MIRBEL.

2

Cette lettre loue sans réserve l'observateur, mais ajourne l'appréciation des théories : l'adversaire s'y dessine sous des formes courtoises.

Gaudichaud reçut du Ministre toutes les facilités pour la mise en ordre des travaux de son dernier voyage ; l'année 1834 y fut consacrée. Ces soins ne l'empêchèrent pas d'aller concourir à Rochefort pour le grade de pharmacien-professeur. Bien que ses grands travaux l'aient enlevé trop tôt à nos écoles, elles ont eu l'honneur de le compter parmi leurs professeurs. Lui-même au milieu des distinctions qui plus tard récompensèrent sa laborieuse carrière, resta toujours fier de ce titre ; ses collègues de la marine, contemporains ou nouveaux, sans distinction de grade, trouvaient chez lui cette chaude cordialité, dont nous gardons un vif souvenir, ainsi que tous ceux qui l'ont approché.

Un esprit aussi actif ne pouvait longtemps rester au repos. Sa santé chancelante n'avait pas refroidi sa passion pour les voyages : apprenant que la *Bonite* armait pour une expédition autour du monde, sous les ordres du commandant Vaillant, il sollicita l'honneur de faire cette campagne.

Sur la proposition de MM. de Mirbel, de Blainville, de Freycinet et Cordier, l'Académie des sciences émit le vœu que Gaudichaud fut adjoint à l'expédition. Le ministre Duperré s'empressa d'accéder à ce désir.

M. de Mirbel, membre de la commission chargée des

instructions de la *Bonite*, en rédigea la partie botanique. Il avait à tracer une ligne scientifique à un
savant que l'Académie pressentait déjà devoir lui appar-
tenir : l'habile physiologiste le fit en ces termes si
flatteurs pour Gaudichaud ; « Parmi les officiers de la
Bonite il en est un que des études profondes placent
au rang de nos plus habiles botanistes : pour la troisième fois, il entreprend un grand voyage dans l'intérêt de la science ; n'ayant rien à lui dire qu'il ne
sache bien, nous nous bornerons à former des vœux ,
pour qu'il trouve de fréquentes occasions de produire
de nouvelles preuves de ses lumières et de son zèle. »

Le 25 novembre 1835, Gaudichaud laissa Paris, pour
se rendre à Toulon.

A la veille de quitter la France, il remporta un de
ces succès qui font la gloire d'un savant. Le 21 avril
de cette année, pressé par les instances amicales de
M. Quoy, il avait présenté à l'Institut, un mémoire sur
des recherches d'organographie et de physiologie, dirigées surtout pour soutenir la théorie des phytons.

Ce travail lui valut le grand prix de physiologie ex-
périmentale, que l'Académie lui décerna le 21 décembre (concurremment avec M. Poiseuille).

Dans le rapport de la commission académique sur
l'ouvrage couronné, M. de Mirbel se retrouve tout
entier : quoi d'étonnant, il était le seul botaniste de
cette commission, par conséquent juge et partie. Ce

rapport semble calqué sur la lettre citée plus haut. Après avoir dit que dans ces luttes il y a toujours conquête pour l'esprit humain, et que souvent vainqueurs et vaincus ont des droits égaux à l'estime publique, on faisait deux parts dans les recherches du savant. D'un côté une multitude de faits nouveaux, d'observations fines, d'inductions aussi justes qu'évidentes. De l'autre une théorie, celle de Dupetit-Thouars considérablement agrandie. On ajoutait: les faits sont certains, la théorie est en question, et ses adversaires assurent que les faits s'expliquent aussi bien par leur doctrine. En résumé, « M. Gaudichaud par ce nouveau travail s'élève à la hauteur de nos plus habiles phytologistes. »

Répétons-le, l'observateur est loué sans réserve, l'appréciation de la théorie est réservée.

L'ouvrage récompensé fut édité par l'imprimerie royale ; il porte ce titre : *Recherches générales sur l'organographie, la physiologie et l'organogénie des végétaux*. Il est accompagné de plus de 350 figures admirablement dessinées. Quel que soit le jugement porté sur la théorie qu'il renferme, c'est un des rares travaux originaux de la botanique française depuis trente ans. Dans son rapport sur les progrès de la physiologie végétale, M. Duchartre lui assigne une place éminente.

Le 6 février 1836 la *Bonite* doublant le Cap Sepet disparut dans les brumes du soir.

Pour la troisième fois, Gaudichaud retournait vers les lieux pleins des souvenirs de sa jeunesse : vingt ans s'étaient écoulés depuis son premier départ sur l'*Uranie*, et c'était encore la même ardeur.

Que d'amis l'attendaient sur les plages de Ténériffe, dans les luxuriantes campagnes de Rio de Janeiro, aux pampas de la Plata, le long de ces rivages que couronnent les Andes, de Valparaiso à Guayaquil, enfin dans les solitudes enchanteresses des îles Havaï! Ces amis, c'étaient toutes ces plantes aimées qu'il avait le premier fait connaître à l'Europe.

Si ce voyage devait lui donner la satisfaction de revoir de vieilles connaissances, il lui permit d'en faire de nouvelles. Luçon, la Chine, la Cochinchine, le royaume de Siam, l'Inde ouvrirent tour à tour devant ses regards éblouis leurs merveilleux écrins.

Sainte-Hélène fut la dernière étape du voyage. Le 6 novembre, la *Bonite* mouillait en rade de Brest, au chant joyeux de ses matelots redisant une dernière fois le refrain favori de cette belle campagne :

Nous ferons tout le tour du monde,
La *Bonite* ne périra pas.

Onze mois avant, M. de Mirbel, président de la section de botanique, présentait à l'Académie une liste de candidats pour remplacer Antoine-Laurent de Jussieu.

Les concurrents étaient en première ligne, Gaudichaud; en seconde, MM. Decaisne et Guillemin. Le 16 janvier, au premier tour de scrutin, Gaudichaud réunissait 34 voix, la majorité absolue.

Cette suprême distinction accordée contre les usages académiques à un absent, couronnait les grands travaux de Gaudichaud; il avait de plus l'honneur de succéder à l'immortel auteur du *Genera plantarum*.

Ce fut à la Réunion qu'une lettre de M. Flourens lui porta cette grande nouvelle. Il la reçut aux lieux où suivant pas à pas les traces ineffacées de Dupetit-Thouars, il avait en quelque sorte, aux mêmes pages du grand livre de la nature, trouvé les mêmes inspirations, conçu les mêmes pensées.

Peu de jours après l'arrivée de la *Bonite*, son commandant écrivait au Ministre ; « La section de botanique dont s'occupait M. Gaudichaud, présente de grands résultats, eu égard au peu de temps que je pouvais consacrer à mes relâches, mais aussi rien ne pouvait porter obstacle à son zèle infatigable. »

Ces lignes et plus tard les témoignages d'estime de M. Vaillant, devenu Ministre, au membre de l'Institut, montrent que des froissements, nés des ennuis du bord, n'avaient pas laissé chez eux de traces profondes.

M. de Mirbel fut encore chargé de présenter à l'Académie les résultats botaniques de l'expédition.

Sa parole toujours élogieuse à l'endroit des observations, resta prudemment réservée sur la théorie des phytons.

Singulière situation, Messieurs, que celle qui condamnait Gaudichaud à recevoir de la même bouche l'éloge et la contradiction, à rencontrer sans cesse, chez le même homme, le panégyriste dévoué et l'adversaire inflexible. Aussi comprend-on qu'un esprit aussi convaincu, ait souvent oublié le panégyriste pour ne se souvenir que du contradicteur.

« L'académie, disait M. de Mirbel, n'avait pas trop présumé du zèle de M. Gaudichaud, les résultats prouvent qu'on ne pouvait faire un meilleur choix.

Les fatigues d'une telle expédition, la difficulté de disséquer et d'observer sur les planches mobiles du bord, ne l'ont pas empêché de se livrer aux recherches les plus pénibles et qui semblaient n'être possibles que dans le repos du cabinet. Partout où il a trouvé place pour asseoir tant bien que mal son microscope, il a fait de l'anatomie animale ou végétale. »

Le rapporteur signale ensuite les collections : 3.500 espèces, des tiges ligneuses, des tiges anomales de liannes, de bignoniacées et de sapindacées ; des échantillons de riz, de thés, de gommes, etc.; enfin des études sur des germinations curieuses et les vaisseaux de l'*adansonia pellata*.

Voilà la part de l'éloge, voici la contradiction.

« Notre mission ne saurait être de porter un jugement sur les doctrines de notre ingénieux confrère, disait M. de Mirbel : la proposition très générale, au moyen de laquelle il se flatte d'expliquer la majeure partie des phénomènes de la végétation, pourrait être universellement admise sans qu'il y ait un motif pour conclure que tous les physiologistes sont d'accord avec lui : rien n'est plus probable que des dissentiments se manifesteraient dès qu'il s'agirait de l'interprétation du principe. »

Nous verrons se lever, en la personne de M. Mirbel, les dissentiments si sûrement prédits.

Après ce rapport vint celui de M. de Blainville, sur la Zoologie.

« M. Gaudichaud, disait-il, ne s'est pas borné à la phytologie, il a souvent aidé les zoologistes d'une manière grandement favorable.....

« ..... Nos espérances ont été dépassées ; les efforts de MM. Eydoux et Souleyet, médecins de la marine, aidés par Gaudichaud, ont été couronnés d'un succès inattendu. »

Gaudichaud voulut que MM. Eydoux et Souleyet recueillissent seuls l'honneur des recherches zooligiques ; il leur livra tous les matériaux qu'il avait rapportés. Les lignes suivantes de la zoologie du voyage prouvent cet heureux accord.

« Nous ne terminerons pas, écrivait Souleyet, sans dire encore tout ce que nous devons à M. Gaudichaud, qui après avoir été notre premier guide, n'a cessé de nous témoigner un intérêt dont nous sommes heureux de lui exprimer notre profonde gratitude. »

Gaudichaud dédia à ses compagnons les genres nouveaux ; c'est ainsi que plusieurs plantes portent les noms d'Eydoux et de Souleyet, ainsi que ceux de MM. Touchard, Pothuau, Fisquet, Chevalier, officiers généraux aujourd'hui, officiers de la *Bonite* alors.

Malgré la coopération des docteurs Léveillé, Spring, Montagne, pour les cryptogames, la partie botanique du voyage ne fut remise au dépôt des cartes et plans que le 1ᵉʳ septembre 1850.

Quelques travaux arriérés causèrent les premiers délais ; ainsi, le 22 février 1841, il lut à l'Académie un mémoire sur la vascularité des végétaux, afin de montrer qu'avant le docteur Boucherie, il avait constaté la continuité des vaisseaux descendants.

En juin 1842, il présenta un résumé des deuxième et troisième parties non publiées du grand travail dont la première partie avait été couronnée en 1835. Dans ce résumé, il touche à tous les points fondamentaux de la science ; il y condense les méditations d'une longue expérience.

Pourquoi devançait-il ainsi l'éclosion naturelle de ses doctrines ? Était-ce, ccomme il le dit, pour remuer le terrain avant de lui confier des germes nouveaux ? Non, Messieurs, cette nature si fortement

trempée, se sentait faiblir; de douloureux pressenti-
ments l'avertissaient que le temps, cet auxiliaire
indispensable du physiologiste, allait lui manquer.
Ces mots de son dernier ouvrage, « l'homme ne mesure jamais ses aspirations et ses entreprises à ses
forces, » devenaient pour lui une triste réalité. Incer-
tain de l'avenir, il veut au moins faire connaître ses
projets et ses pensées.

Il voyait aussi grandir au sein de l'Académie cette
opposition à ses théories, si souvent annoncée par
Mirbel.

Placé entre ses travaux inachevés et ses doctrines
attaquées, il usa sa vie à courir des uns aux autres,
allant vers la physiologie quand il sentait le temps lui
échapper, et vers ses théories quand elles étaient
menacées.

Noble spectacle que cette lutte qui, jusqu'aux derniers jours de sa vie, l'a retenu sur la brèche. Son
indomptable énergie prit alors des proportions exa-
gérées; il passait les jours et les nuits à disséquer
d'énormes troncs de palmiers, que ses correspondants
lui adressaient de tous les points de la zône où ils
croissent.

Gaudichaud n'était pas fait pour les joûtes académiques; « je connais, disait-il à l'Institut, le danger
auquel je m'expose ; je ne me dissimule ni la force
de mon adversaire, ni mon extrême faiblesse; mais

j'aurai pour me soutenir mes profondes convictions,
mon amour pour la vérité, et à la place d'une facile
élocution et d'une grande habitude des débats scientifiques, des faits nombreux qui parleront mieux et plus
haut que je ne pourrais le faire. »

Il ne se présentait jamais, en effet, devant l'Académie sans produire ces anatomies végétales, devant
lesquelles ses adversaires, tout en contestant les conclusions qu'il en tirait, ne pouvaient cacher leur admi-
ration. Les collections de l'Europe ont conservé ces
belles préparations : au point de vue de l'histoire de
la science, plusieurs ont une grande valeur, et toutes,
quelle que soit la doctrine adoptée, sont restées les
témoignages précieux d'un art nouveau.

Le 5 Juin 1843, la lutte commença par une lecture
de Mirbel, sur la structure du dattier : l'auteur affirmait que les tissus du sommet des bourgeons sont les
plus jeunes, et que les filets ligneux les pénètrent de
bas en haut, direction que suivent aussi les filets qui
partent des racines. La théorie des phytons était donc
contestée.

Quelques expressions blessèrent Gaudichaud, et des
paroles amères lui échappèrent. On les lui reprocha : sa
loyauté ne recula point devant une explication; il la fit
en ces termes, le 26 Juin : « L'expression dont je me
suis servi n'est pas plus dangereuse pour les travaux
de M. de Mirbel, que ses dénégations et quelques-

unes de ses expressions ne le sont pour les miens. Si l'Académie trouvait qu'elle fût offensante, je m'empresserais de la désavouer, car je porte au cœur le plus profond respect pour l'Académie, et pour M. de Mirbel, que j'ai toujours affectionné. »

La droiture de l'homme se retrouvait donc sous les ardeurs du savant : demandons-en un témoignage à M. de Mirbel lui-même. Il désirait une tige de *xanthorrea hastilis*, que Gaudichaud possédait seul. « La possession de cet exemple si rare et si remarquable, dit-il, était l'objet de mes plus vifs désirs, je la dus à la loyale et constante amitié de l'un de nos confrères ; de longue date, lui et moi, nous différons d'opinion ; il n'hésita pas à me donner des armes, au risque de les voir tourner contre la théorie qu'il défend. »

La réfutation du travail de M. de Mirbel demanda plus d'une année à Gaudichaud. Son argumentation fut appuyée sur plus de 3,000 pièces anatomiques qu'il déposa au Museum. « Si ma doctrine est jugée inadmissible, disait-il, je m'en consolerai par la conscience de mes efforts pour atteindre la vérité, et par la certitude que les matériaux qui ont pu m'égarer, resteront acquis à la science et à de meilleurs interprètes. »

Le 7 Octobre 1844, de Mirbel lut un nouveau Mémoire sur le *Dracœna Australis*. A part quelques allusions, il évite de s'attaquer à Gaudichaud ; son objectif est

Dupetit-Thouars, qu'il avoue avoir d'abord combattu plutôt par sentiment que par expérience.

Une circonstance heureuse mit entre les mains de Gaudichaud, non-seulement une tige de l'espèce étudiée par son adversaire, mais la base même de la tige qui lui avait servi, laquelle n'était pas un *dracœna*, mais un *cordyline*. Il présenta les résultats de ses nouvelles recherches dans les séances des 12 Mai et 18 Août 1845.

Nous retrouvons en lui ces vivacités de tempérament qui l'entraînaient quelquefois au-delà du calme de la discussion vraiment académique, mais nous le retrouvons aussi avec sa conviction profonde.

C'est avec cette conviction qu'il disait en terminant : « Si malgré les preuves matérielles et irrécusables de la dissension des tissus, je ne suis pas parvenu à convaincre l'Académie, il ne me restera plus qu'à m'écrier, moi aussi : *Et pourtant ils descendent !* »

Le 30 Mars 1846, M. de Mirbel reparut dans la lice avec M. Payen. Dans les Mémoires présentés par ces savants, le fait principal était celui-ci : Les tissus les plus jeunes et les plus actifs sont les plus azotés ; le sommet des bourgeons étant plus azoté que leur base, ce sommet est plus jeune que cette base, et en procède, de bas en haut, par ascension des tissus.

Gaudichaud montra que cet argument ne prouvait rien contre lui ; l'accroissement en hauteur se faisant par la superposition des phytons, les plus élevés étaient aussi pour lui les plus jeunes et les plus actifs, tandis que les moins élevés étaient les plus anciens, et ne concouraient plus qu'à la conservation de l'être collectif.

Il fit aussi justice du *cambium*, que les adversaires disaient descendre des bourgeons au collet, pour se lignifier ensuite du collet aux bourgeons.

La lutte parut alors suspendue ; Gaudichaud revint à ses études, et publia en 1847 divers Mémoires. En 1848, pendant le court passage d'Arago au ministère de la marine, il fut nommé, *proprio motu*, deuxième pharmacien chef.

Le calme renaissait en lui ; mais il subit alors le contre-coup des fatigues de ces années, où les nuits avaient été pour lui aussi laborieuses que les jours. Sa santé, facticement soutenue par une tension continuelle d'esprit et la tumultueuse agitation où le jetaient ces débats, s'affaissa.

Après avoir conjuré des accidents très-graves, il reprit les travaux de la *Bonite*, suspendus pendant les sept années durant lesquelles, suivant son expression, il avait tout quitté pour courir au secours de la science, compromise tout entière par une erreur.

La botanique de la *Bonite* parut en 1851 ; l'ouvrage se compose de deux volumes d'introduction, dédiés à la mémoire d'Aubert Dupetit-Thouars ; de deux volumes de descriptions de plantes et d'un grand atlas.

L'introduction renferme tous les Mémoires relatifs à la défense de la théorie des phytons. Les doctrines phytologiques d'Ach. Richard y sont discutées avec une grande vivacité.

Après ces travaux, sa santé réclamait le repos. M. de Mirbel s'était retiré, mais l'opposition contre la théorie des phytons n'était pas vaincue, elle avait pris même au sein de l'Académie, l'apparence d'une coalition.

Plusieurs passages de l'ouvrage de la *Bonite*, particulièrement celui où il reprochait à ses adversaires d'enseigner sciemment l'erreur, suscitèrent contre lui des sentiments qui n'attendaient qu'une occasion pour éclater.

La tolérance et la conviction habitent rarement le même esprit: ce n'est que sur les hauteurs de l'humanité qu'on trouve les volontés assez larges pour les contenir. Il faut savoir attendre les triomphes certains de la vérité. Le savant dont nous vous racontons les luttes l'oublia quelquefois: on peut le lui reprocher d'autant plus qu'il pouvait voir disparaître autour de lui, dans le cahos des contradictions, la plupart des doctrines qu'il avait combattues.

Au commencement de 1852 parut le travail de M. Trécul sur l'accroissement des dicotylès. Ce n'était pas un vulgaire observateur que celui qui descendait dans l'arène, où tant de noms illustres avaient retenti depuis deux siècles.

M. Trécul affirmait que les filets vasculaires ne se prolongent point sans interruption des feuilles dans les racines, et qu'au lieu de descendre, ils s'élèvent de la tige dans les feuilles naissantes. Il présentait enfin une tige de *nyssa angulisans*, recueillie à la Louisiane. Sur une portion décortiquée de cette tige, des plaques de bois et d'écorce s'étaient reformées, et le bois avait continué à se développer presqu'également au-dessous comme au-dessus de cette décortication.

Cet exposé était remarquable par un parfait sentiment de justice pour les adversaires ; M. Trécul raconte tout ce qu'il a vu sans dissimuler ce qui s'accorde mal avec la forme trop arrêtée peut-être de ses conclusions.

Ce mémoire fut accueilli avec satisfaction par la section de botanique : on y vit le coup décisif porté à la théorie phytonienne. MM. de Jussieu, Brongniart et Richard furent chargés de l'apprécier. Les travaux de Mirbel n'avaient jamais, je crois, causé pareille sensation.

On pouvait prévoir les conclusions du rapporteur, le savant botaniste Richard, qui enseignait alors la théorie du cambium et de la zône génératrice.

Dupetit-Thouars et Gaudichaud furent donc traités durement. Ces grands botanistes ne sont pas nommés dans le rapport, mais on y parle avec dédain de certaine théorie, dont les auteurs auraient été sans cesse, sous l'influence du parti pris.

Ce qui frappe dans ce rapport, c'est le souci qu'on y montre du cambium et de la zône génératrice un peu délaissés par M. Trécul. Où sont en effet ces prétendus éléments de l'accroissement sur la tige décortiquée du *nyssa*: par où vient le cambium puisque sa route entre le bois et l'écorce n'existe plus ? Qu'est devenue la zône génératrice si la décortication est complète.

On glissait aussi sur les faits favorables à la théorie phytonienne. On ne disait pas que parmi les plaques observées sur le *nyssa*, quelques-unes étaient entièrement cellulaires, que les éléments des autres étaient irréguliers dans leur nombre et leur disposition, et que les rayons médullaires y dominaient. On passait sur cet aveu de M. Trécul, qu'au-dessous de la décortication, le nouveau bois était moins considérable qu'au-dessus et plus riche en rayons médullaires.

La théorie de Gaudichaud était enfin condamnée, et, rapprochement singulier, celle de Mirbel sur l'ascension des fibres ligneuses y était traitée d'opinion absurde.

Gaudichaud, plus étonné qu'abattu par cette formidable attaque, répondit à M. Trécul devant l'Académie. Rendant d'abord hommage à l'érudition et à l'habileté de M. Trécul, il reproduisit ses arguments antérieurs appuyés sur d'anciennes et nouvelles anatomies. Il insista sur l'imperfection de l'écorce des plaques du *nyssa*, qu'il considérait comme des productions sem-

blables aux chairs spongieuses des plaies de mauvaise
nature ; il rappela que le peu de bois formé au-dessous
de la décortication pouvait bien être dû à ces bourgeons
éphémères fréquents sur les lèvres inférieures des
décortications.

Examinant ensuite le rapport de la commission, il
fit ressortir les variations de la doctrine du cambium et
de la zône génératrice, et l'oubli dans lequel M. Trécul
laissait cette dernière.

Il répéta qu'il n'avait jamais eu l'idée absurde de
faire descendre de toute pièce, des hauteurs de l'arbre,
les vaisseaux radiculaires ; mais qu'il soutenait que
leurs éléments se constituaient les uns après les autres,
de haut en bas sur le point où ils devaient rester. La
théorie phytonienne était, disait-il, l'étude des puis-
sances dynamiques, plutôt que celle des procédés et
des anomalies ; elle rendait physiologiquement compte
des accroissements en hauteur par des forces indivi-
duelles, la pousée des phytons, et des accroissements en
diamètre par des forces collectives s'exerçant des
sommets vers la base.

Comme si la rapport de la commission n'indiquait
point assez les dispositions de ses membres, chacun
d'eux vint affirmer devant l'Académie sa propre uni-
formité d'opinion.

Richard le fit sous l'impression des attaques pas-
sionnées de Gaudichaud contre la théorie du cambium.

Il lui reprocha d'avoir changé un débat scientifique en personnalités et suspecté le savoir et la bonne foi de ses adversaires. Il lui montra qu'il était seul des six membres de la section de botanique à soutenir une théorie qui ne reposait que sur des faits incomplètement observés, mal interprétés et de 30 années en arrière.

M. Brongniart s'efforça de rendre le débat à des allures plus calmes : il chercha même une conciliation entre les théories rivales. Si dans les préparations de M. Gaudichaud, disait-il, les fibres ligneuses paraissent irradier de la base des bourgeons, c'est que les nouveaux tissus se forment sous l'influence des sucs qui leur arrivent du bourgeon ; la transformation des cellules allongées en vaisseaux se faisant dans une direction déterminée par celle des courants.

M. de Jussieu, à son tour, vint affirmer sa participation au rapport. Lui aussi se montra conciliant. Rapprochant les fluides organisants et descendants des uns, des tissus descendants des autres, il pensait qu'avec un peu de bonne volonté, on ne trouverait entre les deux théories qu'une disparité de langage.

Le 23 juillet, Gaudichaud fit une réponse collective a ses trois collègues. Il rappela qu'en 1835 les sympathies de l'Académie accueillaient cette théorie des phytons contre laquelle se levait toute la section de botanique. Il s'applaudit des proportions que prenait la

lutte et d'y voir entrer les hommes les plus illustres. Il ne se plaignit pas des dures expressions de
Richard , puisqu'il les avait lui - même employées
contre ce dernier.

Enfin, il démontra qu'il ne pouvait accepter de rapprochement , entre la grande pensée qui rattache à
l'individualité du phyton toutes les lois qui régissent
l'accroissement, et les doctrines qui, après tant de variations, admettaient alors l'évolution des tissus de la
zône génératrice sous l'influence du cambium.

M. Trécul prouva en effet que c'eût été s'allier à une
doctrine morte. Dans un mémoire sur l'origine des
fibres ligneuses, revenant aux idées de Malpighi, il
reconnut que ce sont les cellules les plus internes de
l'écorce qui produisent le bois, mais que suivant les
besoins de la plante, tous les jeunes tissus pouvaient en
former, comme cela s'était vu pour le *nyssa*.

Sur une bande d'écorce, ne tenant plus à l'arbre que
par sa partie inférieure, M. Trécul vit le bois se repro-
duire. Si nous ne pouvons faire intervenir ici les fibres
descendantes, nous perdons aussi les traces du *cambium* ou fluides descendants de M. Richard, que la
commission académique venait de présenter comme le
dernier mot de la science.

De 1851 à 1857, notre collègue, M. Hétet, qui avant
de professer la chimie, enseignait avec distinction les
sciences naturelles , fit aussi à Toulon des décortica-

tions analogues à celles du nyssa, et en tira les mêmes conclusions que celles de **M. Trécul**. Mais ce qu'il y eut de remarquable dans ces patientes recherches, c'est la reproduction du bois jusque dans le canal médullaire mis à nu sur une tige de *phytolacca dioïca*. En présence de ce fait important, il faut reconnaître que, pour les circonstances extraordinaires, la féconde nature a des procédés extraordinaires. Le bois vient de l'écorce, disait M. Trécul, mais suivant les besoins de la plante il peut venir de tous les jeunes tissus. La théorie phytonienne ne peut-elle dire aussi, le bois procède des bourgeons, mais suivant les besoins de la plante il peut venir de tous les tissus.

Faisons remarquer que l'observation sur le *phytolacca* est également peu favorable à la théorie académique du *cambium* et de la zône génératrice.

Les derniers débats à l'Institut avaient assombri l'existence de Gaudichaud. L'homme de science, disait-il un jour, ne vit que par ses travaux ; c'était profondément vrai pour lui ; chaque coup porté à ses théories l'atteignait au cœur ; il mourut épuisé par les efforts de cette lutte, dans laquelle il était seul contre tant d'adversaires.

« Dès que nos douloureux et profonds regrets seront calmés, disait-il, le 3 janvier 1853, à l'Académie, nous ferons connaître notre sentiment sur tous les travaux qu'on nous oppose. » Vaine promesse, le 2 mai, pour la dernière fois, il vint lire à l'Institut un mémoire sur la sève. Le 2 juin commença pour lui une de ces lentes agonies qui sont la pierre de touche des grands caractères. Il expira le 16 janvier 1854.

Si j'ai tant insisté, Messieurs, sur les luttes que soutint Gaudichaud, c'est qu'elles tiennent une place immense dans sa vie et dans son œuvre.

Je n'ai pas dissimulé mes tendances particulières dans ce grand débat, mais le moment de prononcer un jugement définitif ne me paraît pas encore venu.

Le temps seul consacre les lentes conquêtes de la physiologie. Les nouvelles théories ne me semblent pas avoir répondu à toutes les admirables expériences de Gaudichaud, et la science ne possède pas encore, je crois, de formule précise sur ce fait de l'accroissement qui a reçu tant d'explications contradictoires.

En voici la preuve. Le 14 mars 1853, M. Trécul résumait ainsi ses recherches : « Tous les organes élémentaires des végétaux passent des uns aux autres. Tous peuvent se transformer en tissu cellulaire, lequel reproduira les mêmes éléments. Ceci conduisait à l'énoncé suivant que le vulgaire et le sens commun, disait-on, avaient conçu depuis longtemps : « C'est que les arbres s'accroissent à l'extrémité de leurs bourgeons, à celle de leurs racines, et horizontalement par l'addition de nouveaux éléments à ceux qui existaient déjà. »

Si cette conception vulgaire, comme on l'appelle à juste titre, était le dernier mot de la science, il faudrait regretter cette grande théorie phytonienne qui nous expliquait si largement le monde végétal, la grandeur et la durée des arbres, leur accroissement et leur multiplication ; il faudrait regretter encore cette belle idée, qui, dans la vie des plantes, rattachait tous les phénomènes à une cause physiologique, supérieure à l'activité de la cellule.

Un peu plus tard, on écrivait que ce sont les fluides organisants qui, de haut en bas, vascularisent les cellules engendrées horizontalement, mais qu'on peut suivre cette vascularisation des bourgeons dans les racines, et la voir s'arrêter à différentes hauteurs ; que la multiplication cellulaire est la conséquence du passage des fluides qui portent les éléments de l'organisation, que les filets vasculaires ont vraiment l'apparence de descendre des bourgeons.

C'est ici peut-être qu'il faudrait redire, avec M. de Jussieu, qu'entre les théories ennemies il n'y a qu'une disparité de langage : on le reconnaît, les bourgeons sont le point de départ de l'organisation et de la multiplication cellulaire : encore un pas et l'accord sera complet.

Au-dessus des procédés, des anomalies et des métamorphoses de la cellule, les physiologistes apercevront la vie multiple du végétal, irradiant de chaque individu ou phyton, et reconnaîtront que chaque phyton, par son double mouvement vers le ciel et le sol, accroît l'être collectif en longueur et largeur.

En attendant, Messieurs, il ressort pour vous de cette étude que Gaudichaud a rendu d'immenses services à la physiologie. Pendant vingt ans, grâce à lui, ces hautes questions sont restées à l'ordre du jour de l'Académie, et quand cet intrépide joûteur disparut de l'arène, ces problèmes de la vie végétale cessèrent de passionner les savants.

Cet homme que je viens de vous peindre, inflexible dans ses convictions, ardent et incisif à les défendre, cet homme avait une autre passion qui, dans l'intimité de sa vie, pansait les blessures reçues au service d'une science qui n'eut pour lui que d'austères rémunérations : cette passion ce fut l'amitié.

« Il aimait l'amitié, écrivait Octave Lacroix, son compatriote ; il la cherchait et l'appelait autour de lui, la comblait de ses caresses ; il a été bon pour tous, même pour la maladie. »

Pendant ses longs voyages, il rencontra des hommes entre lesquels et lui la science fut l'occasion première de durables sympathies.

Plusieurs savants étrangers, fermes partisans de ses idées, se sentaient attirés vers lui autant par le charme de son caractère que par le désir de voir l'homme de science et ses collections. Ce fut l'amitié surtout qui, par la voix de MM. Despretz, Quoy et Lacaussade, lui adressa les derniers adieux.

La poésie et la littérature versèrent aussi sur les tristesses du savant leurs suaves consolations. Il réu· nissait autour de lui, rue de Fleurus, un petit cercle d'écrivains, parmi lesquels se rencontraient Brizeux, Sainte-Beuve, Auguste Barbier, Lacaussade, Moigno, Leconte de Lisle et plusieurs femmes distinguées de l'aristocratie étrangère.

C'était une autre Académie, mais intime, calme et bienveillante, de laquelle il était profondément aimé. Entre le physiologiste observateur et ces hommes d'imagination il y avait un lien commun, c'est que son esprit trouvait facilement la grandeur et la beauté de toute chose.

Aussi ce fut sans efforts et sans faiblesse, qu'aux derniers jours il tendit la main aux croyances de sa jeunesse, comme on reçoit un ami des meilleurs temps.

Je ne saurais mieux terminer qu'en détachant quelques lignes de la préface d'un charmant volume de poésies, dédié à Gaudichaud par M. Auguste Lacaussade, auquel nous devons la réunion des œuvres de notre poète Brizeux et des travaux pleins d'érudition.

Rempli du souvenir reconnaissant de l'action que le botaniste célèbre avait eu sur sa carrière, M. Lacaussade lui disait : « Sous l'influence de votre forte et sympathique raison, à l'amour énervant de la rêverie a succédé le culte fécond de l'étude. Vous m'avez fait comprendre le charme pacifiant et la consolation qu'on trouve dans le commerce d'une âme élevée toute entière aux spéculations de la science : votre belle intelligence si calme, votre belle vie si pleine de bonnes actions m'ont été d'un salutaire enseignement ; par votre indulgence, en face des misères inhérentes à la nature humaine, par votre dévouement à la vérité à toutes les causes saintes, vous m'avez appris à bien penser de l'homme, de ses ressources natives, de ses richesses virtuelles. »

Messieurs, il m'a fallu de trop longues pages pour vous faire connaître le patient physiologiste : heureux privilége de l'amitié ! Quelques lignes émues tombées du cœur, ont suffi, j'en suis sûr, à conquérir vos sympathies pour la mémoire de l'homme excellent qui les inspira.

www.ingramcontent.com/pod-product-compliance
Lightning Source LLC
Chambersburg PA
CBHW061244030726

47595CB00004B/1696